AF562586

NOTE

GÉOGRAPHIQUE ET COMMERCIALE

SUR

L'EMPIRE DU MAROC

PAR

F. GOLTDAMMER

Commissaire général du Maroc près l'Exposition universelle en 1878

CATALOGUE

DE

L'EXPOSITION MAROCAINE

PARIS

IMPRIMERIE TYPOGRAPHIQUE DE A. POUGIN

13, QUAI VOLTAIRE, 13

1878

NOTE

GÉOGRAPHIQUE ET COMMERCIALE

SUR

L'EMPIRE DU MAROC

PAR

F. GOLTDAMMER

Commissaire général du Maroc près l'Exposition universelle en 1878

CATALOGUE

DE

L'EXPOSITION MAROCAINE

PARIS
IMPRIMERIE TYPOGRAPHIQUE DE A. POUGIN
13, QUAI VOLTAIRE, 13

1878

BIBLIOTHÈQUE NATIONALE R.F. IMPRIMÉS
n° 7930
O3 j 85.0
S1G2642

PARIS. — IMPRIMERIE A. POUGIN, 13, QUAI VOLTAIRE. — 19031

NOTICE

GÉOGRAPHIQUE ET COMMERCIALE

SUR

L'EMPIRE MAROCAIN

SITUATION — POPULATION

Le Maroc, borné au Nord par la Méditerranée, au Nord-Est et à l'Est par l'Algérie, au Sud par le Sahara, et à l'Ouest par l'Océan atlantique, est compris entre les 28° et 36° de latitude Nord et les 4° et 14° de longitude Ouest.

Sa superficie est d'environ 5000 myriamètres carrés, sans compter les oasis du désert marocain qui reconnaissent l'autorité de l'Empereur. Les côtes ont un développement de 1300 kilomètres sur les deux mers. Les frontières avec la province d'Oran sont évaluées à 250 kilomètres.

L'Atlas traverse le Maroc dans sa longueur et le divise en deux versants, septentrional et méridional. Le Maroc n'a pas de fleuves ni de rivières considérables. Aucun cours d'eau n'est navigable. Des montagnes descendent beaucoup de petites rivières nommés *oued*, qui tarissent l'été. Le climat est tempéré.

Cinq races habitent le Maroc :

Berbères. . . . . Aborigènes
Arabes. . . . . Envahisseurs
Maures, Juifs. . . . . Chassés d'Espagne
Nègres. . . . . Importés du Soudan.

Il est difficile d'évaluer le chiffre exact de cette population, le gouvernement marocain n'ayant jamais pu faire un recensement. On l'estime à 5 ou 6 millions d'habitants.

La religion est le mahométisme, rite malékite.

La langue est l'arabe, vicié dans certaines provinces, au point de n'être qu'un patois.

GOUVERNEMENT

En principe, le pouvoir est électif; en réalité, depuis trois siècles il est héréditaire (1648).

L'Empereur du Maroc a un pouvoir spirituel, reconnu et vénéré par tous les musulmans de l'Occident, mais son pouvoir temporel n'est reconnu que dans les villes et la plaine, la plus grande partie de l'Atlas échappant à l'exercice de son autorité.

L'Empereur est maître absolu. Il a des ministres dont le nombre varie suivant les besoins. Ils n'ont pas voix consultative, et ne font que surveiller l'exécution des ordres donnés par l'Empereur et son El Ouzir, c'est à dire le premier ministre.

Le Maroc est divisé en tribus, subdivisées en douars.

Chaque tribu a ses marabouts, ses cheïks et ses notables, qui forment un conseil pour les affaires de la tribu.

Chaque province est gouvernée par un ou plusieurs kaïds, qui le plus souvent gouvernent à leur idée, pourvu qu'ils entretiennent les routes et qu'ils fournissent le contingent d'hommes et les impôts.

La police est faite par les corps d'état. Les habitants d'un quartier sont solidairement responsables de ce qui arrive dans leur quartier.

Les impôts sont de deux sortes: l'aumône et la dîme.

Laissés à l'arbitraire du kaïd, ces impôts n'arrivant souvent pas à couvrir les frais, on y arrive par une troisième sorte d'impôt, l'amende, toujours laissée à l'arbitraire du gouverneur.

Les douanes, les droits de poste, de péage, la vente des tabacs complètent l'énumération des sources de revenus du trésor.

L'armée est composée d'une trentaine de mille hommes de cavalerie.

La marine n'existe pas.

Les principales villes sont sur la côte.

	habitants		habitants
Telouan	20.000	Casa Blanca.	1.500
Tanger.	12.000	Mazagran	2.000
Laracho	8.000	Saffy	8 000
Salé	10.000	Mogador.	12.000
Rabat	10.000		

Les villes de l'intérieur sont Fez (environ 100.000 habitants) et Maroc (15.000) qui sont les deux capitales de l'empire.

AGRICULTURE

Tous les produits de l'Europe et du nord de l'Afrique peuvent prospérer au Maroc. Les principales productions sont :

Céréales, blé, orge, maïs, avoine, fèves, pois, lentilles, riz, lin, chanvre, coton, safran, tabac, canne à sucre, olivier, vigne, oranger, citronnier, bananier.

Les forêts :

Chênes-liége, chênes verts et aux glands doux, sapin odoriférant, caroubier, cèdre, thuya, palmier, dattier-gommier, euphorbe.

Bestiaux :

Bœufs, moutons, chevaux. — Peaux de bœufs, laines.

Le Maroc possède des trésors, et si les voies de communications et les traités de commerce ouvraient ce beau pays à l'initiative européenne, l'on pourrait avantageusement cultiver et importer en Europe tous les produits que nous venons de signaler.

COMMERCE EXTÉRIEUR ET INTÉRIEUR

Le mouvement commercial du Maroc est d'environ quarante-cinq millions par an, dont 25,000,000 pour l'exportation et 20,000,000 pour l'importation.

La France et l'Angleterre sont les deux pays qui commercent le plus avec le Maroc; ils exportent dans ce pays les tissus de coton, les denrées coloniales, la droguerie, la quincaillerie, le fer en barres; ils importent les amandes, la cire, les gommes, les huiles, les laines, les peaux de chèvre, les plumes d'autruche.

Les villes tiennent des marchés où se rendent les habitants de la province pour échanger leurs produits. Dans les pays indépendants se tiennent des foires semestrielles où il y a une grande affluence de monde. Les transports se font difficilement à dos de mulet et à dos de chameau. Les routes sont mal entretenues, et souvent vagues. Le service de la correspondance est fait par des piétons (rekkas) qui marchent avec une rapidité de 40 à 50 kilomètres par jour.

INDUSTRIE

Depuis des siècles l'industrie marocaine se renferme dans la fabrication des armes, des tissus, des broderies, des cuirs, des poteries, des meubles et de la bijouterie.

Fez, Maroc et Rabat sont les trois villes les plus industrielles du Maroc. Dans ces villes il y a des établissements pour la fabrication des monnaies, mais ces établissements ne fonctionnent guère plus depuis que le cours des monnaies européennes a été régulièrement fixé.

Le Maroc ne possède pas à proprement parler d'usines ou de manufactures. L'indigène travaille pour son propre compte, fabrique pour ses besoins et vend aux marchés des environs le surplus de sa fabrication. Tout ce qui est employé dans la famille d'un Marocain a été fait dans la famille et par la famille : vêtements, babouches, ustensiles en métal ordinaire, poteries.

De Fez viennent les articles les mieux travaillés. C'est là où la population a le plus de goût et travaille les plus jolies broderies, sur soie, sur coton et sur velours. C'est là que l'on travaille le mieux les maroquins ouvragés, l'orfèvrerie la plus fine et la poterie la plus curieuse.

A Tetouan il y avait autrefois une fabrique d'armes, mais elle ne travaille plus; les produits européens ont ruiné son industrie.

Rabat et Salé ont la spécialité des tapis et des nattes.

L'orfèvrerie est ordinairement dans toutes les villes la spécialité des Juifs. A Mogador, à Tarrudant, ils travaillent le cuivre et l'argent dont ils ornent par des incrustations les armes et les meubles.

La plupart de ces produits, qui sont relativement communs

chez les Arabes, ne sont remarquables que par la pauvreté et la simplicité de l'outillage avec lequel ils s'obtiennent au Maroc, où les plus instruits ignorent complétement les lois de la mécanique. L'industrie est restée stationnaire depuis des siècles, comme le peuple lui-même et ses institutions.

Parmi les produits exposés à la section marocaine, les broderies et les poteries méritent une attention particulière.

Ce sont les hommes qui brodent généralement. Les broderies se font sur velours, soie et coton. Les soies de diverses couleurs avec lesquelles on brode viennent le plus souvent d'Europe, mais sont teintes à Fez, où l'on obteint ces teintes bizarres au moyen de teintures végétales. Les tissus sur lesquels on travaille sont faits dans le pays. L'ouvrier travaille sans métier, n'ayant qu'une courroie en cuir qu'il passe sous son pied et sur son genou, et qui, tendue, lui sert à tenir sa marchandise. Certaines broderies n'ont pas d'envers. Les plus jolies sont les écharpes et les bandes de coton brodées qui servent à orner leurs lits.

L'exposition marocaine contient beaucoup de vieilles broderies.

Il n'y a que deux genres de poteries au Maroc: les poteries ordinaires en terre poreuse que l'on appelle généralement alcarazas, et les poteries émaillées qui sont toutes décorées.

L'histoire de la céramique au Maroc est simple. Depuis plus d'un siècle la fabrication n'a pas changé. Les poteries maures de l'Alhambra sont à peu de chose près semblables aux poteries modernes. Le Maroc s'est arrêté dans les perfectionnements de sa fabrication.

A la côte, de Tanger à Mogador, on ne fabrique plus de poteries. Les produits anglais ou français ont fait disparaître toute trace de fabrication. Mais dans l'intérieur des terres, où les communications ne se font que difficilement à dos de chameaux, les produits étrangers n'ont pas pu ruiner la fabrication des poteries. C'est de Fez même que viennent les types qui se trouvent à l'exposition marocaine. Comme nous l'avons dit, il n'y a pas de fabriques au Maroc. Chacun fait ses vases, les décore de dessins bizarres, curieux, mais peu variés dans leur ensemble. Les principales couleurs sont le vert et le jaune. Les faïences bleues sont plus rares et plus chères, le bleu minéral exigeant, pour tenir à la cuisson, une terre plus fine et mieux travaillée. Le rouge est employé aussi, mais

BIBLIOTHÈQUE NATIONALE R.F. IMPRIMÉS

mis après la cuisson; il n'est pas émaillé. Les Marocains n'ont pas encore trouvé un rouge qui tienne au feu. La cuisson de ces poteries exige des fours d'une certaine construction, et comme tout le monde n'en a pas, l'habitant porte au propriétaire d'un four ses plats, ses vases, pour les cuire, moyennant une certaine somme.

Il est difficile de dire l'importance de la fabrication des poteries au Maroc. Ce qui est fait dans une ville n'en sort pas, et la fabrication est toujours subordonnée aux besoins des habitants.

Il est impossible, du reste, d'exporter ces poteries pour deux raisons. La première, c'est qu'un Européen, ou même un indigène, aurait beaucoup de peine à réunir une collection de poteries; et après les difficultés de l'emballage, viendraient les difficultés du transport. De Fez à Tanger, il faut au moins quinze jours à une caravane de chameaux. Ces deux difficultés sont considérables. Il a fallu près de quatre mois pour réunir la collection de l'exposition marocaine, et un tiers est arrivé cassé.

CATALOGUE

DE

L'EXPOSITION MAROCAINE

GROUPE III

CLASSE 17

Exposant : Gouvernement marocain

Meubles riches, bois noir incrusté d'ivoire et d'argent, forme bibliothèque. — Étagères bois noir incrusté d'ivoire et d'argent. — Étagères bois peint. — Porte-fusils bois peint.

CLASSE 20

Exposant : N. Stora

Faïences ordinaires. — Poteries fines décorées. — Poteries ordinaires décorées. — Potiches, Vases, Plats, Assiettes. — Bols, Vases à parfums.

CLASSE 21

Exposant : Dalsème

Tapis ordinaires de Rabat et de Tetouan. — Tapis riches du Maroc. — Cuirs rouges découpés pour ameublements (maroquins).

CLASSE 24

Exposant : N. Stora

Orfèvrerie de décoration et de table en cuivre et argent.

CLASSE 23

Exposant : N. Stora

Plateaux en cuivre repoussé.

CLASSE 29

Exposant : N. Stora

Ouvrages en maroquin. — Porte-monnaie, Portefeuilles, etc. — Vannerie ordinaire.

GROUPE IV

CLASSE 30

Exposant : N. Stora

Tissus de coton pur unis et brodés.

CLASSE 32

Exposant : Valensi

Tissus de laine pure. — Tissus de poil de chameau pur. — Tissus mélangés de laine et de poil de chameau.

CLASSE 34

Exposant : Valensi

Tissus de soie pure. — Étoffes de soie mélangée d'or et d'argent. — Étoffes de soie mélangée de poil de chameau.

CLASSE 33

Exposant : Valensi

Châles de soie pure. — Châles soie et poil de chameau.

CLASSE 36

Exposant : Ibrahim Valensi

Broderies de soie sur coton. — Broderies de soie sur soies unies et brochées.

CLASSE 38

Exposant : N. Stora et Valensi

Costumes d'hommes, de femmes et d'enfants en poil de chameau. — Robes d'hommes en soie brochée or. — Costumes de femmes en mousseline brodée. — Burnous en soie. — Babouches en cuir uni. — Babouches en cuir brodé soie. — Souliers en velours brodé or.

CLASSE 39

Exposant : Gouvernement marocain

Bijoux anciens en or, argent, cuivre. — Bracelets, Colliers, Anneaux de bras et de jambes, Pendants d'oreilles, Parures pour coiffures, Epingles, Agrafes.

CLASSE 40

Exposant : Gouvernement marocain

Fusils anciens de Tetouan. — Fusils ordinaires longs. — Fusils à crosse incrustée et à canon damasquiné. — Armes blanches anciennes. — Haches d'armes damasquinées et incrustées d'argent et d'or sur acier. — Coupe-jarrets damasquinés. — Piques damasquinées. — Poignards ordinaires, fourreau cuivre repoussé. — Poignards riches damasquinés.

CLASSE 41

Exposant : Fraudet

Tente de campement riche, avec matériel (divans, tapis, lanternes, tables, bahuts, porte-fusils, ornements divers, portière, etc.)

GROUPE V

CLASSE 43

Exposant : Gouvernement marocain

Produits de la chasse : Peaux de panthères noires, Plumes brutes. — Cires, Gommes, Résines.

Exposant : Renard

Rocher de corail.

Exposant : Maingonnat

Groupe d'histoire naturelle : Antilope dévorée par deux vautours.

CLASSE 46

Exposant : Gouvernement marocain

Matières textiles. — Cotons bruts de diverses provenances. — Coton du Soudan. — Laines brutes. — Poil de chameau travaillé. — Plantes oléagineuses, Ricin, Amandes, Noisettes, Palmes, Never-dye. — Cires.

CLASSE 47

Exposant : Gouvernement marocain

Produits chimiques et pharmaceutiques. — Matières premières pour la parfumerie. — Matières premières pour la pharmacie et la droguerie.

CLASSE 48

Exposant : Gouvernement marocain

Soies teintes. — Matières premières pour la teinture.

CLASSE 49

Exposant : Gouvernement marocain

Peaux de bœufs brutes. — Maroquins tannés et teints. — Peau de panthère noire tannée et non tannée. — Peaux de serpents tannées et travaillées.

CLASSE 67

Exposant : Gouvernement marocain

Types d'embarcation.

GROUPE VII

CLASSE 69

Exposant : Gouvernement marocain

Céréales, Froment, Seigle, Orge, Riz, Maïs, Millet en grains, Lentilles, Semoules. — Biscuits alimentaires, Pains d'amandes.

CLASSE 73

Exposant : Gouvernement marocain

Pommes de terre, ordinaires et sucrées, Haricots, Lentilles, Fèves, Pois, Arachides. — Fruits secs et préparés, Pêches, Amandes, Noisettes, etc.

CLASSE 74

Exposant : Gouvernement marocain

Epices, Poivre, Piment. — Thé. — Gland doux. — Pois chiches. — Café nègre.

PARIS. — IMPRIMERIE A. POUGIN[illegible], QUAI VOLTAIRE. — 12036.

106

IMPRIMÉS

PARIS. — TYPOGRAPHIE A. POUGIN, 13, QUAI VOLTAIRE. — 12036

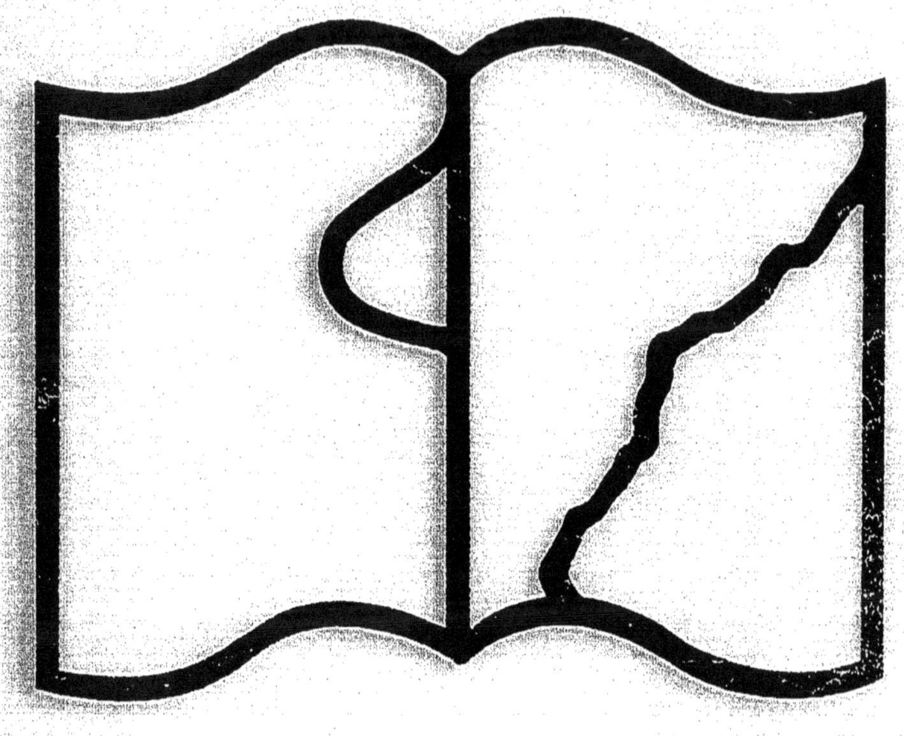

Texte détérioré — reliure défectueuse

NF Z 43-120-11

Contraste insuffisant

NF Z 43-120-14

www.ingramcontent.com/pod-product-compliance
Lightning Source LLC
LaVergne TN
LVHW010316230826
846091LV00009B/3693